LE
PRIX
DE LA BEAUTÉ
OU
LES COURONNES
PASTORALE
en trois Actes,
à un Prologue.
Écrit par Meunier
Martinet Jnv.
Chereau Martinet Sculp.

LE PRIX DE LA BEAUTÉ,

OU

LES COURONNES,

PASTORALE EN TROIS ACTES,

ET UN PROLOGUE,

AVEC DES DIVERTISSEMENS,

SUR DES AIRS CHOISIS ET NOUVEAUX.

A PARIS,

Chez DE LORMEL, Imprimeur-Libraire, rue du Foin,
à Sainte Geneviéve.

Et se vend aussi aux Spectacles.

M. D.C.C. LX.

AVEC APPROBATION ET PERMISSION DU ROI.

A

SON EXCELLENCE

MADAME

LA PRINCESSE

DE GALLICIN.

ADAME,

Le goût que vous avez montré pour nos Spectacles,
le sentiment que l'on vous y voit chercher & préférer

a ij

aux différentes frivolités qui s'y rencontrent, l'estime
que vous faites des talens, les bontés dont vous voulés
bien m'honorer : tout m'engage à vous offrir l'essai de
cette Pastorale que je n'ai l'honneur de vous présenter
que comme un ensemble de Vaudevilles & Airs choisis ;
trop heureux si quelques-uns d'eux peuvent vous amuser
un instant, & vous faire agréer le profond respect avec
lequel j'ai l'honneur d'être,

MADAME,

Votre très-humble,
& très-obéissant,
Serviteur.

G***

AVIS DE L'ÉDITEUR.

L'On ne préfente point au Public cette Paftorale comme une Piece, mais comme un effai qui pourroit fervir à en compofer une, & comme un enfemble de Couplets & d'Airs choifis qui pourroient amufer quelques Sociétés. C'eft pourquoi l'on n'a pas cru devoir élaguer quelques Scenes & des monologues qui feroient des longueurs à la repréfentation. Comme il feroit facile cependant de faire de cet Ouvrage un Spectacle de Sociétés, ou autre, à peu de chofe près, dans l'état où il eft les Perfonnes qui feront dans le cas de le defirer, pourront alors faire tout ce qui leur plaira, fi elles veulent s'en donner la peine.

L'on prévient auffi qu'il a paru dans le Public plufieurs des Couplets que l'on y trouvera, l'Auteur en ayant donné à des Amis qui en ont répandu des Copies peu correctes, & qui d'ailleurs ont été retouchés depuis. L'on y trouvera quelques imitations ou traductions libres de certains Ouvrages Italiens connus, entr'autres, *le Baifer de Cloris*, &c. Au refte l'Auteur qui n'a cherché qu'à amufer quelques Sociétés & s'amufer lui-même, n'ayant point voulu ennuyer qui que ce foit par la repréfentation, ne s'eſt décidé à le mettre au jour de l'impreſſion qu'à la ſollicitation de quelques amis ; & comme il ne prétend s'en faire aucun mérite, qu'il eſt même perſuadé qu'il ne s'y en trouve aucun , il l'abandonne volontiers à toutes les cenſures.

LE PRIX DE LA BEAUTÉ,

OU

LES COURONNES;

PASTORALE.

ACTEURS DU PROLOGUE.

L'AMOUR.

LES GRACES.

LES RIS, LES JEUX & LES PLAISIRS.

LES SAISONS.

UN PRINCIPAL BERGER.

UNE JEUNE BERGERE.

BERGERS & BERGERES.

La Scene est dans une Prairie agréable.

Gravé par Martinet

A des jeux innocents & tranquilles,
nous donnons sans cesse nos loisirs.

LE PRIX DE LA BEAUTÉ,
OU
LES COURONNES.

PROLOGUE.

Le Théâtre repréſente une Prairie émaillée de fleurs en avant d'un Bois. Des Arbres où ſont attachés des Guirlandes de Fleurs, & des Inſtrumens Champêtres. On voit différens Grouppes de BERGERS *& de* BERGERES *, répandus de droite & de gauche, oc-cupés à faire des couronnes, & jouant à différents jeux.*

SCENE PREMIERE.

BERGERS, BERGERES.

Ier CHŒUR DE BERGERS.

Air. *A notre bonheur l'Amour préſide.*

A Des jeux innocens & tranquilles
Nous donnons ſans ceſſe nos loiſirs.

A

 # LES COURONNES,

IIᵉ CHŒUR DE BERGERS.

Dans nos bois, bien mieux, qu'au fein des Villes
Nous goûtons les plus charmans plaifirs.

Iᵉʳ CHŒUR DE BERGERES.

Chaque jour, le lever de l'Aurore,
    Pour nous, fait éclorre
    Les plus belles fleurs;

IIᵉ CHŒUR DE BERGERES.

Chaque jour ! chaque inftant dans nos ames
    Allume des flâmes
    Qui brûlent nos cœurs.

UN PRINCIPAL BERGER.

Même air.

Du Dieu qui nous fait aimer & plaire
Chantons & célébrons les bienfaits ?
Il va nous apprendre le myftere
De ces biens qu'il fçait rendre parfaits ;
Nous allons jouir de fa préfence
    O douce efpérance !
    Bergers trop heureux ?
Que chacun accorde fa mufette ?
    Et qu'Echo répete
    Nos accens joyeux !

Les BERGERS prennent leurs Mufettes & divers Inftrumens. Ils fe rangent en haie, & les BERGERES, au fon des Mufettes, tenant des guirlandes de fleurs, forment au milieu d'eux un Ballet agréable, fur la fin duquel les BERGERS fe mêlent avec elles.

PROLOGUE. 3

(Une Symphonie voluptueuſe ſe fait entendre, & annonce l'approche de la Divinité.)

UN BERGER.

Air noté, Nº. 1.

Ou, Allons gay ? voici le mois de Mai.

Quels concerts ? quels ſons harmonieux
   Ici ſe font entendre ?
L'amour vient viſiter ces beaux lieux
   C'eſt lui qui va deſcendre.

CHŒUR DE BERGERS ET DE BERGERES.

Air. *Les beaux jours ne durent gueres.*

Viens Amour
Orner nos fêtes.
Viens amour
Dans ce ſéjour ?
Que nos cœurs deviennent tes conquêtes !
Viens fixer ici ta Cour.

(*L'Amour paroît.*)

A ij

SCENE II.

L'AMOUR arrive suivi des GRACES, des SAISONS, des RIS, des JEUX & de PLAISIRS; il admire les BERGERES, en voltigeant autour d'elles.

L'AMOUR.

Air. *J'ai vû de notre Roi la cour & l'équipage.*

Aimés, il en est temps?
Aimés, cherchés à plaire?
Des beaux jours, des beaux ans
La course est si légere.   Et lon lan la.

(Ces Couplets se chantent successivement avec une espece de Ballet, où d la fin de chaque Couplet l'AMOUR & sa suite voltige autour des BERGERES.)

UNE SAISON *représentant le Printems, une fleur à la main.*

Admirés dans vos champs
Une fleur passagere !
Elle n'a qu'un Printems
Pour orner la Bergere.

On danse.

UNE SAISON *représentant l'Eté, des gerbes d la main.*

De vos brillants Etés
L'émail & la verdure
Peignent les voluptés,
Mais n'offrent rien qui dure.

On danse.

PROLOGUE. 5

UNE SAISON *repréſentant l'Automne , avec des fruits.*

Ces fruits délicieux
Que la terre vous donne
Mûriſſent ſous vos yeux ,
Et paſſent dans l'Automne.

On danſe.

UN PLAISIR *montrant l'Hyver , dans un coin du Bois.*

Craignés l'Hyver affreux
Dont gémit la nature
Jamais les Ris , les Jeux
N'ont quitté la verdure.

On danſe.

(*Ballet général.*)

L'AMOUR.

Air. *Ah! mon mal ne vient que d'aimer.*

Vous vouliés connoître l'Amour ,
Exprès , je viens dans ce ſéjour
Pour vous faire naître un beau jour
Bergers ? & vous apprendre
Quels ſont ces biens que tour à tour
Sur vous je veux répandre.

Même Air , ou noté Nº. 3.

Il eſt ſans doute un bien charmant
Dont on ne jouit qu'en aimant
Il fait le bonheur d'un amant
Lorſqu'il a ſçu connoître
Que toujours c'eſt du ſentiment
Que le plaiſir veut naître.

Air. De m'engager il est trop difficile.

Ce sentiment ! enfant de la tendresse
Coûte souvent des larmes, des soupirs
Il nous agite, il nous trouble sans cesse ;
Mais c'est lui seul qui nous mene aux plaisirs.

Fanfare. N°. 4.

Pour vous faire un bonheur durable ?
Commencés par faire le choix
D'une Bergere, jeune, aimable
Dont vous puissiés suivre les loix ;

Sous l'empire de la beauté
La perte de la liberté
Devient une félicité
   Que pour partager
   Son Empire & régner ;
   Elle nomme un Berger ?

Pour vous faire un bonheur durable ?
Commencés par faire le choix
D'une Bergere jeune, aimable
Dont vous puissiés suivre les loix.

(*Aux* PLAISIRS *de sa suite.*)
Fanfare. N°. 5.

Plaisirs ; qui volés sur mes traces
Enchantés ces Peuples heureux !
Sur les pas des Ris & des Graces
Formés ici d'aimables jeux,
   Offrés leur une image
   De ce parfait bonheur
Que l'on cherche dans le bel âge
Et que l'on trouve au fond du cœur.

PROLOGUE.

(Ballet agréable exécuté par les Ris, les Jeux & les Graces.)

(Pas de Trois exécuté par les Graces.)

L'A M O U R *à une jeune* Bergere.

Air. *J'avois toujours gardé mon cœur.*

Il eſt encor quelque leçon
 Que l'amitié m'inſpire ;
Venés entendre ma Chanſon ;
 Elle peut vous inſtruire.

Air. Nº. 5. *de M. Naudé.*

Ou, *De mon Berger volage.*

Jeune & ſimple Bergere
Que je viens d'embellir
Des roſes dont ma mere
Couronne le plaiſir,
En cueillant la fleurette
Qui naîtra ſous vos pas,
Sachés être diſcrette,
Et ne la fanés pas ?

✿

D'un Amant qui ſoûpire
Craignés peu les efforts ;
Obſervés ſon délire ?
Retenés ſes tranſports ;
Tel qui peint ſon martyre
Souvent n'eſt qu'un trompeur,
Dans ſes yeux ſachés lire
Ce qu'il a dans le cœur ?

✿

Des charmes du bel âge
Au printems de vos jours
Faites un bon ufage ?
Et fongés qu'ils font courts
Que le Tems, d'un coup d'aîle,
Détruit rapidement
Les attraits d'une Belle
Et les feux d'un Amant.

❖

Quand la délicateffe
Formera votre choix ;
Aimés avec tendreffe ;
Mais n'aimés qu'une fois,
Il faut quand je l'allume,
Ce feu, ce vrai defir,
Il faut qu'il vous confume
Dans les bras du Plaifir.

Aux BERGERS.

Air. *Que ce beau jour promet d'heureux inftans.*

Aux Jeux charmans qui vont vous engager,
Livrés-vous ? faites choix d'une Bergere ?

(*A part.*)

Et moi, je vais fous les traits d'un Berger
Sonder fon cœur, & chercher à lui plaire.

DIVERTISSEMENT.

FIN DU PROLOGUE.

LE

LE PRIX DE LA BEAUTÉ,

OU

LES COURONNES,

PASTORALE.

ACTEURS.

DAPHNIS, *Amant de* SILVIE.

SILVANDRE, *Amant de* SILVIE.

SILVIE,   *jeune & belle* BERGERE.

LYCAS,   *Chef des* BERGERS.

BERGERS & BERGERES.

La Scene est dans le bas d'un Vallon, en avant d'une Prairie.

Regnez sur nous.
Jeunes Bergeres.

LE PRIX DE LA BEAUTÉ,

OU

LES COURONNES.

ACTE PREMIER.

Le Théâtre repréſente un Vallon & un Verger, en avant d'une Prairie que l'on ne voit point.

SCENE PREMIERE.

DAPHNIS, *ſeul.*

DAPHNIS.

Air noté, Nᵒ. 1. de M. Blaiſe.

Ou, *Dans ma Cabane obſcure.*

A Peine, à ma paupière,
Brille l'aſtre du jour,

Qu'elle s'ouvre & s'éclaire
Au flambeau de l'Amour ;
Et ma foible exiſtence
Développant ſes feux ?
Silvie a la puiſſance
D'enchaîner tous mes vœux.

Déja l'Amour m'inſpire,
Il eſt ſur mon berceau ;
Il m'apprend à ſourire ;
Il n'a point de bandeau ;
Je le flatte, il m'amuſe,
Mon cœur veut s'exprimer ;
Mais ma bouche refuſe
Les ſons qu'il veut former.

Un jour que ma Silvie
Dans mes yeux innocens
Croit voir la douce envie
Qui careſſe mes ſens.
A ton âge,... dit-elle ;
Eſt-ce qu'on ſçait aimer ?
Jeune enfant ?... & la belle
Me donne un doux baiſer.

J'ai paſſé mon enfance,
J'ai vû croître mes feux,

Dans mon adolefcence
Même ardeur, mêmes vœux,
Ma Bergere l'oublie
Peut-être fon baifer;
Il fut pourtant la vie,
L'ame de fon Berger.

SCENE II.

DAPHNIS, LYCAS.

LYCAS.

Air. *Là haut fur ces Montagnes.*

Tandis que l'on apprête
Par-tout dans nos forêts
Une brillante Fête,
Et des jeux pleins d'attraits;
Que Silvie a pour elle
Réuni tous les vœux;
Quoi, fon Berger fidelle
Semble éviter fes yeux?

DAPHNIS, *avec vivacité.*

Air. *L'auftere Philofophie.*

Auroit-on jamais pu faire
Cher Lycas, un plus beau choix?
D'autres, que de ma bergere,
Pouvoit-on fuivre les loix?

Qui la voit, pourroit-il fuivre
D'autres pas, & d'autre amour !
Qui la voit, pourroit-il vivre
Sans l'adorer chaque jour ?

Air noté à la fin. N°. 2.

Ou, Ces tendres fleurs qui parent la verdure.

Ou, Quoi! vous partés, (en féparant les quatre premiers Vers.)

Tu la connois cette beauté charmante,
Divinité de cet heureux féjour ;
Quand tu la vois, ami, qu'elle t'enchante,
Ne dis-tu pas, c'eft la mere d'Amour :
Quand fur fes pas, dans fes yeux, tu vois naître.
Autant d'amour qu'il te naît de defirs,
Ne fens-tu pas, trop vivement, peut-être....
Multiplier tes amoureux foûpirs ?

❧

Qui ne l'a vû n'a rien vû fur la terre ;
Grace, enjoûment, efprit, douceur, beauté ;
Elle embellit jufqu'au jour qui l'éclaire ;
Par une noble & douce majefté,
Régnant fans art fur la nature entiere.
Flore fe plaît à lui cueillir des fleurs ;
Et pour fauver un refte de lumiere,
La jeune Aurore emprunte fes couleurs.

L Y C A S.

Air. Ingrat Berger qu'eft devenu,

Que tu fçais bien peindre l'ardeur
Qui fait couler tes larmes ;

Mais je lis au fond de ton cœur
    De mortelles allarmes,
Ah Daphnis! qui fçût mieux que toi
Mériter fon cœur & fa foi?

DAPHNIS.

Air noté à la fin. N°. 3.

Ou , *L'on eſt tenté de la prendre pour la mere de l'Amour.*

    Il eſt vrai que je l'adore ;
    Mais conçois-tu mon malheur,
    Un autre Berger encore
    De même a droit fur fon cœur
            Cette belle
            Se rappelle
    Sans ceſſe nos tendres feux ;
            Et Silvandre
            Peut prétendre
    A voir couronner fes feux.

LYCAS.

Air. Charmante Gabrielle.

    La beauté fur fes traces
    Entraîne tous les cœurs ;
    Pour elle , & pour les Graces,
    La terre offre des fleurs.
    Tout veut lui rendre hommage ;
            Tout eſt jaloux
    D'obtenir fans partage
            Un bien fi doux.

Air Italien , *noté à la fin.* N°. 4.

Je vois ton embarras,

DAPHNIS.

Tu ne le conçois pas,
Non, non, Lycas ,
Non, non , Lycas ,
Tu ne le conçois pas.
Un feul de nous l'a pû charmer
Un feul a fçu s'en faire aimer.

Sur ce fecret
Toujours difcret
Son cœur fe taît.
Ce feu myftérieux....
Mon rival trop heureux
S'offre à nos yeux ,
Lycas , ô Dieux !
Quittons ces lieux ?

(*On entend* SILVANDRE *fur le haut d'un Côteau.*)

SCENE

SCENE III.

SILVANDRE fur le haut d'un Côteau.

SILVANDRE.

Air. *Quoi ! vous partés.*

AUbe du jour qui m'arrache à Silvie,
Te leves-tu pour voir couler mes pleurs?
Ce jour eft-il le dernier de ma vie?
Ou le dernier de mes vives douleurs ?
Aube du jour qui m'arrache à Silvie,
Te leves-tu pour voir couler mes pleurs?

Air. N° 5.

Ou, *J'ai paffé dans ces Hameaux.*

Jai paffé dans ces Hameaux
De mes jours la premiere aurore,
A faire dire aux Echos
Le nom dé celle que j'adore ;
J'ai tant chanté ce beau nom
Aux oifeaux de ce bocage,
Qu'ils fe font de ma chanfon
Compofé leur ramage.

(*Il fe promene dans le Bois.*)

C

Air *noté à la fin.* N°. 6.

Ou, *Dans ma Cabane obscure.*

Ou, *De mon Berger volage.*

C'est dans cette prairie,
C'est ici, qu'un beau jour
Aux genouils de Silvie
Amené par l'Amour ;
Silvandre, qu'elle est belle,
Me dit ce Dieu vainqueur.
Aimes-la, sois fidelle,
Je ferai ton bonheur.

Fûs-je jamais parjure
Aux sermens que j'ai faits ?
Amour, de ma blessure
Ai-je arraché tes traits ?
Tous les jours, je l'appelle ;
Tous les jours, je la vois,
Et suis toujours près d'elle
Pour la premiere fois.

Air Italien. N°. 7.

Ou, *Grazzie al inganni.*

Mais puis-je concevoir
L'espoir
D'obtenir la préférence ?
Est-ce la persévérance
Qui pourroit me la faire avoir ?

Un Amant qui chérit fa chaîne,
Pourroit-il rompre fans peine
Des nœuds qui tiennent les plaifirs,
Enchaînés avec fes defirs.

Air. *Sûre de ta foi, je viens dans le Hameau.*

Ah ! pour mon malheur ;
Je ne puis
A Daphnis
Imputer l'horreur
De mes affreux foucis :
Le premier
De l'Amour il fentit les coups,
Ce Berger,
Comme moi, les trouva fi doux.
(*L'on entend un grand bruit d'inftrumens & les acclama-*
tions d'un Chœur.)

Air. Mineur de *Sûre de ta foi.*

Quels accens !
Quel bruit ! quels fons bruyans !
De toutes parts enfemble !
Ces concerts
Semblent frapper les airs
De mille fons divers :
Il me femble
Qu'on s'affemble :
Allons ? ne différons pas ?
Dans cet inftant plein d'appas ;
Chercher la vie ou le trépas.

C ij

SCENE IV.

COURONNEMENT DE SILVIE.

Le Théâtre change & repréfente une Prairie où les BERGERS ont élevé un Trône de Fleurs , fous des Pavillons de Rofes , & de Jafmins , foutenu par des gradins de verdure. SILVIE entourée de BERGERS & de BERGERES , ayant DAPHNIS & SILVANDRE à fa gauche.

SILVIE, DAPHNIS, SILVANDRE, LYCAS, BERGERS, BERGERES.

CHŒUR.

R Egnés fur nous
Jeune Bergere ;
Régnés fur nous,
Rien n'eft fi doux.

DAPHNIS.

Que les Ris , les Jeux d'une aîle légere
Pour vous couronner fe raffemblent tous.

AVEC LE CHŒUR.

Régnés fur nous
Jeune Bergere ;
Régnés fur nous ,
Rien n'eft fi doux.

PASTORALE. 21

SILVANDRE.

Tous nos plaisirs feront ceux de vous plaire ;
Nous venons le jurer à vos genoux.

AVEC LE CHŒUR.

Régnés fur nous
Jeune Bergere ;
Régnés fur nous ,
Rien n'eft fi doux.

SILVIE, *au milieu des* BERGERS *, attriſtée & regardant
le Trône qu'on lui deſtine.*

Air. *Si des Galans de la Ville.*

Gloire, Honneur, Trône, Couronne,
Vous ne tentés point mon cœur :
L'éclat qui vous environne
N'eft qu'une fauſſe fplendeur.

Si j'apprends à vous connoître ;
Mon cœur deviendra léger,
Et fçaura bientôt peut-être
L'art de tromper un Berger.

Gloire, Honneur, Trône, Couronne ;
Vous ne tentés point mon cœur ;
L'éclat qui vous environne
N'eft qu'une fauſſe fplendeur.

En regardant les BERGERS.

Pour accomplir vos mysteres,
Bergers pour suivre vos loix,
Parmi ces jeunes Bergeres
Faites un plus digne choix,
Parmi ces jeunes Bergeres
Faites un plus digne choix.

Gloire, Honneur, Trône, Couronne,
Que vous tentés peu mon cœur,
L'éclat qui vous environne
N'est qu'une fausse splendeur.

CHŒUR DE BERGERES.

Air. *Printems dans nos Bocages.*

Nous voyons sans allarmes
Couronner vos attraits ;
C'est le prix de vos charmes
Nos vœux font satisfaits.

SILVIE *attristée.*

Hélas ! quels bienfaits,
Dieux, qu'ils vont me coûter de larmes !
Funestes attraits ?...
Mes plus beaux jours couloient en paix.

CHŒUR GÉNÉRAL

Nous voyons sans allarmes
Couronner vos attraits,

C'eſt le prix de vos charmes,
Nos vœux ſont ſatisfaits.

(Les BERGERS mêlés avec les BERGERES forment une chaîne
autour du Trône, en tenant des Guirlandes de Fleurs ,
& danſent l'air précédent.)

(Divertiſſement général.)

(Pas de Trois de SILVIE , DAPHNIS & SILVANDRE.)

(La chaîne des BERGERS s'ouvre. DAPHNIS va prendre la BER-
GERE pour la conduire ſur le Trône. SILVANDRE à ſes côtés, tient
une Couronne de Fleurs pour la lui poſer ſur la tête.)

DAPHNIS *conduiſant la jeune* BERGERE *ſur le Trône.*

Air. *Quand aux Champs dès le matin.*

Au ſon de nos chalumeaux,
Sur ce trône de verdure,
Richeſſe de nos hameaux,
Simples dons de la nature ;
..... A la félicité
D'un peuple qui vous aime,
Venés , jeune beauté
Joindre le Diadême.

SILVANDRE *lui préſentant la Couronne.*

Pour combler tous nos deſirs ,
Recevés cette Couronne,
Par la main des doux plaiſirs
C'eſt l'amour qui vous la donne ;
Chériſſés ſes faveurs ,
Ce Dieu qui nous inſpire

Au milieu de nos cœurs
A fondé votre Empire.

LYCAS.

Enchantés & satisfaits,
Vous qui voyés cette Belle,
N'approchés pas de trop près,
Un Dieu veut triompher d'elle.
   Fuyés, craignés ses traits,
   Il appelle, il caresse,
   Mais l'on ne peut jamais
   Guérir quand il nous blesse.

(*Contredanse.*)

DAPHNIS *transporté de joie.*

Air. Ah! le bel Oiseau Maman.

Habitans de ces Hameaux,
Petits hôtes des bocages,
Qui souvent sous ces ormeaux
Formiés vos plus doux ramages;
Accourés petits oiseaux,
Venés rendre vos hommages,
A la beauté que l'Amour
Couronne dans ce beau jour.

SILVANDRE.

Allés l'apprendre aux échos,
A nos foréts, dans la plaine,
A nos vergers, nos ruisseaux,
Aux bords de chaque fontaine;

Que

Que tout célébre en ce jour
Notre aimable Souveraine?
Que tout célébre en ce jour
Les myſteres de l'amour?

DIVERTISSEMENT.

UNE PRINCIPALE BERGERE.

Air. Mineur du *Cotillon couleur de Roſe.*

Non, ce n'eſt que dans nos forêts,
Et ſur les bords d'une onde pure,
Qu'on goûte des plaiſirs parfaits,
L'innocence qui les épure,
  Les ſuit de près,
  Et pour jamais,
Dans ces beaux lieux nous les aſſure.
  L'heureux Berger
  Sçait les chercher,
Et ne peut les effaroucher.

UNE SECONDE BERGERE.

Le flambeau de nos premiers jours,
Brille d'une vive lumiere.
Nos berceaux faits par les amours?...
Les Ris nous ouvrent la paupiere;
  Et dès l'inſtant,
  Qu'au ſentiment,
Notre cœur ſe livre & s'éclaire;

D

Le tendre amour
Vient à fon tour
Nous préfenter le plus beau jour.

UNE TROISIÉME BERGERE.

C'eſt de ce jour, que nous datons
Le bonheur de notre exiſtence.
Dans nos jeux, & dans nos chanſons,
Nous en célébrons la naiſſance;
Nous ne vivons,
Ne reſpirons,
Que pour adorer la puiſſance
Du Dieu vainqueur,
Aimable auteur,
De nos jours & de notre ardeur.

FIN DU PREMIER ACTE.

LE PRIX DE LA BEAUTÉ,

OU

LES COURONNES,

PASTORALE.

ACTEURS.

DAPHNIS, *Amant de SILVIE.*

SILVANDRE, *Amant de SILVIE.*

SILVIE, *jeune & belle BERGERE.*

LYCAS, *Chef des BERGERS.*

BERGERS & BERGERES.

MARINIERS & MARINIERES.

La Scene se passe dans un petit Bois entrecoupé de Buissons & de Ruisseaux, en avant d'un Vallon.

Je crains? et je n'ose approcher
Sur ses beaux yeux l'Amour veille.

ACTE SECOND.

SCENE PREMIERE.

SILVIE se promenant dans le petit Bois.

SILVIE.

Air. *Sous ces Ormeaux, je badinois.*

D Ans ces forêts,
Je promene en vain mes regrets;
Ces ombrages frais,
N'ont plus d'attraits
A mes yeux,
Dieux !
Dans le sein des honneurs,
Des grandeurs,
Tous les biens sont trompeurs ;
Le faux éclat qui luit ;
Eblouit,
Et toujours nous séduit,

Mon trifte cœur
En reconnoît toute l'erreur ;
Je perds ce bonheur,
Dont jufqu'ici
J'ai joui ;

L' E C H O.

Oui ?

S I L V I E, *étonnée, court précipitamment à l'endroit où
elle a entendu l'Echo, & veut le confulter.*

Air. *Dans un Bocage frais fait exprès.*

L'Echo de ce vallon
Me répond ,
Il peut m'apprendre pourquoi,

L' E C H O.

Quoi ?

S I L V I E.

Un vain honneur
Affligeant mon cœur ,
Me coûte fans le chercher ;

L' E C H O.

Cher ?

S I L V I E.

J'ai deux Amans ,
Charmans ,
Tendres & conftans ;

De tous les deux
Je ne puis combler les vœux ;
Quoi ? sans raison,
Et sans trahison,
Pourrois-je à l'un dire non ?

L'ECHO.

Non.

SILVIE.

Mêmes ardeurs
Enflâment leurs cœurs.
Dois-je être ingrate à ce point ?

L'ECHO.

Point.

SILVIE.

Hélas ! comment
Me souftraire à ce tourment ?
Auquel des Dieux
Faut-il adreffer mes vœux ?
Dans mon embarras....
Ne puis-je pas ?...
Mais je n'en puis choisir qu'un,

L'ECHO.

Qu'un.

SILVIE *impatientée.*

Cruels Echos,
Vous plaignés mes maux,

Mais vous ne me dites rien,

L' E C H O.

         Rien.

(Elle se promene en se livrant à ses réflexions.)

S I L V I E.

Air. *Je m'éloigne vainement de cette Fontaine.*

En couronnant d'un vainqueur
 La tendresse extrême ;
L'autre mourra de douleur,
 Il m'aime de même.
Quoi ? je ferois le malheur
 D'un Berger qui m'aime ?
 D'un Berger qui m'aime ?

(Un Ramage d'Oiseaux se fait entendre, la B E R G E R E *court sous le Feuillage, & se plaint aux Oiseaux de son sort.)*

S I L V I E.

Air Italien , *noté à la fin.* N°. 1.

Vous, qui dans ces forêts,
Entendés mes regrets ?
 Plaignés-les !
 Plaignés-les ?
Sous ce naissant feuillage
Par votre doux ramage....
Charmans petits Oiseaux,
Adoucissés mes maux !

         Le

PASTORALE. 33

(Le ramage ceſſe. S i l v i e déſeſpérée revient au bord du Théâ-
tre , en ſe plaignant que tout l'abandonne.)

S I L V I E.

Air. *J'étois ſeule en un Bocage.*

Tout eſt ſourd dans la nature,
Tout ſe taît à mes accens.
Ces Ruiſſeaux , dont le murmure
A fait mes amuſemens ;
Ces réduits frais & champêtres ;
  Ces hêtres...
  Ah ! ç'en eſt fait...
Portons ailleurs mes allarmes ?
  Mes larmes,
  Tout m'y déplaît.

(Elle veut ſortir ; mais elle revient par réflexion.)

S I L V I E.

Air. *O Pierre ! ô Pierre ! j'étois morte ſans vous.*

 Mais où vais-je ? & que dis-je ?
 Une barbare Loi,
 Me retient & m'afflige ,
 Dans ces lieux malgré moi.
  Où ſuis-je ?
  Où ſuis-je ?
 Quel jour affreux pour moi ?

(Elle s'aſſit ſur un Gazon , au bord d'un des Ruiſſeaux ;
la tête appuyée ſur ſa main.)

E

SILVIE.

Air. *Ne vla-t'il pas que j'aime.*

Je touche peut-être aux momens....
Je n'y pourrai survivre.
Le sommeil vient flatter mes sens,
Il faut que je m'y livre.
(*Elle s'endort & l'on entend auffi-tôt une Symphonie qui exprime*
un sommeil agréable entrecoupé par un ramage d'Oiseaux ,
& le murmure des Ruisseaux.)

SCENE II.

SILVIE endormie, DAPHNIS se promenant dans le
Bois sans voir la BERGERE *qu'il cherche.*

DAPHNIS.

Air Italien , *noté à la fin:* Nº. 2.

QUe ces lieux ont eu pour moi de charmes ?
C'est dans ce séjour ,
Que vit un beau jour ,
Naître mon amour.
C'est ici , qu'éloigné des allarmes
J'adorai souvent
Cet objet charmant
Qui fait mon tourment.
(*Il l'apperçoit dormant sur le Gazon, & vole auprès d'elle.*)

Mais que vois-je? ô Ciel! que vois-je?... ma Bergere.

O doux myftere !

O moment trop heureux !

Sur fes beaux yeux ,

L'aftre du jour qui nous éclaire ;

Porte fes regards ,

Et de toutes parts ,

La livre aux hazards.

Tâchons d'écarter un peu fa lumiere ?

Qu'il me laiffe un inftant ce feul coin de la terre ?

Un feul inftant?

Qu'à mes vœux rien ne foit contraire ?

Hélas ! bien fouvent ,

Le fort d'un Amant

Dépend d'un inftant.

(Il fort & va chercher des BERGERS *qui entrent avec des Brancha-*
ges de verdure & des Fleurs , avec lefquels ils forment un Berceau
fur la téte de la BERGERE. *Pendant l'intervale , la Symphonie*
exprimant les ramages, le fommeil & le murmure des eaux ,
recommence.)

(Divertiffement autour du Berceau, à petit bruit & au fon des
flûtes douces.)

D A P H N I S *cueille des Rofes autour du Berceau , en fait*
une Couronne, & la met doucement fur la téte de
la BERGERE.

Air. *A quoi s'occupe Magdelon.*

Vit-on jamais rien de fi beau ?

Ah ! tandis qu'elle fommeille,

Faifons, des fleurs de ce berceau,
Un diadême nouveau.

❧

Je crains & je n'ofe approcher ;
Sur fes beaux yeux l'Amour veille ;
Ce Dieu femble me reprocher
D'être venu la chercher.

(*Il paffe à l'autre bout du Berceau, l'admire & chante les Couplets fuivans.*)

D A P H N I S.

Air *noté à la fin.* Nº. 3.

Ou, Dans ma Cabane obfcure.

Tant que la Marguerite
Croîtra dans nos vallons,
Que cette fleur petite
Ornera nos gazons,
Tu feras, ma Silvie,
La Reine de mon cœur,
Le charme de ma vie,
L'aftre de mon bonheur.

❧

Le matin, quand l'aurore
Viendra verfer fes pleurs,
Que les Amans de Flore
Careffetont nos fleurs,
J'irai fous le feuillage,
Pendant ton doux fommeil,

Aux oifeaux du bocage
Annoncer ton réveil.

Le jour dans la prairie,
J'irai graver ton nom ;
Sur l'écorce polie
Des Hêtres du canton ;
Je le verrai paroître
A mes yeux chaque jour.
Mais il ne pourra croître,
Autant que mon amour.

Le foir, quittant la plaine,
Je dirai tout furpris,
Le Soleil me ramene,
N'eft-il donc plus de nuits ?
Mais non ; c'eft qu'il différe
De quitter les beaux yeux
De la jeune Bergere
Dont je fuis amoureux.

(L'on entend des accords de Mufettes & d'Inftrumens, qui pa-
roiffent fortir des bords du Ruiffeau , auprès duquel
la jeune BERGERE eft endormie.)

D A P H N I S.

Air Italien, *noté à la fin.* N°. 4.

Quel bruit fe fait entendre?
Qui peut venir en ces lieux ?

Ah ! j'apperçois Silvandre,
Ma Bergere ouvre les yeux ;
Fuyons ? & qu'elle ignore,
Lequel de ces deux Amans
A pû jouir encore
De ces doux momens ?

SCENE III.

SILVIE , s'éveillant , paroît étonnée de se trouver sous un Berceau , n'en ayant point vû à l'endroit où elle s'est endormie , ni dans aucun endroit du Bois. Elle admire le Berceau & sa Couronne, elle se promene à l'entour , & paroît agitée.

SILVIE.

Air. *Quand on sçait aimer & plaire.*

QUe vois-je? est-ce un songe? où suis-je ?
Eh ! quels miracles nouveaux ?
Dieux puissans , par un prodige,
Pensés-vous calmer mes maux ?

Deux Bergers causent mes larmes ;
Tout est pour moi sans appas ;
Ah ! dissipés mes allarmes ?
Ou donnés-moi le trépas ?

Que vois-je? eſt-ce un ſonge ? où ſuis-je?
Eh! quels miracles nouveaux,
Dieux puiſſans , par un prodige ,
Penſés-vous calmer mes maux ?

Mais, que dis-je ? .... cet ouvrage
Eſt de la main de Daphnis ;
Chaque fleur de ce feuillage,
(Bis.) Eſt pour moi du plus grand prix.

Que vois-je ? eſt-ce un ſonge ? où ſuis-je?
Eh ! quels miracles nouveaux ?
Dieux puiſſans par un prodige ,
Penſés-vous calmer mes maux ?

SCENE IV.

SILVIE, SILVANDRE, BERGERS, BERGERES, MARINIERS galants & MARINIERES.

SILVANDRE *arrivant dans des petites Chaloupes ornées de Guirlandes de Fleurs , suivi de BERGERS & BERGERES tenants des Corbeilles de Fleurs & de Fruits, de petits Agneaux & des Colombes blanches , ornées de Fleurs & de Rubans.*

Air. *Quand on vient dans ce Bocage peut-on s'empêcher d'aimer ?*

Venés tous, à ma Bergere ,
Offrir l'encens de vos cœurs ?
Empreffés-vous à lui plaire ,
A mériter fes faveurs ?

C H Œ U R.

Empreffons-nous à lui plaire ,
A mériter fes faveurs ?

DIVERTISSEMENT.

SILVANDRE *offrant les Corbeilles.*

Air *noté à la fin.* N°. 5.

Déjà du Temple de l'Amour ,
Nos Bergers occupent l'enceinte;

L'on

L'on vous attend, & dans ce jour,
Saifi d'une mortelle atteinte,
Mon trifte cœur vient vous offrir
    Ces fruits, ces dons de Flore,
Que par-tout, pour vous embellir,
    La Terre fait éclorre.

SILVIE *agitée, recevant les préfens.*

Air. *Aimons-nous belle Thémire.*

Ces foins obligeans fans ceffe
Partent d'un cœur plein de tendreffe,

(*Elle eft embarraffée, regarde de tous côtés, & ne fçachant comment reconnoître les attentions de* SILVANDRE, *elle lui donne la Couronne qu'elle tient à la main.*)

Le mien eft reconnoiffant,
    Berger charmant,
Ce gage en eft garant.

SILVANDRE, *tranfporté de joie, prenant la Couronne, & fe jettant à fes genoux.*

Air. *Dieu des ames.*

Ma Silvie
A ma vie
S'intéreffe donc encor ?
    Quoi Silvandre
    Peut prétendre
A jouir du plus beau fort?

Ah ! Bergere,
Tu m'es chere,
J'en attefte tes beaux yeux,
Vois mes larmes,
Mes allarmes,
Sans ceffe accroître mes feux ?

SILVIE *attendrie.*

Air. *Je chérirai mon Ifmene.*

Qu'il m'eft doux de les entendre
Ces fermens que tu me fais ?
Au Temple je vais me rendre....
Oui.... j'y dirai mes fecrets ;
Mais de moi, mon cher Silvandre,
Tu ne te plaindras jamais.

SILVANDRE *appellant les* BERGERS.

Air. *Tout le long de la Riviere.*

Vous, qui fur les aîles
Des tendres defirs,
A côté des Belles,
Menés les plaifirs.
Tout le long de ces rivieres,
Promenés vos pas ?
Chacune de vos Bergeres
Offre mille appas.

UN BERGER.

Sur ces bords tranquilles
La fimplicité,

Bâtit des afyles
A la volupté.
Tout le long de ces rivieres,
Promenés vos pas ?
Chacune de vos Bergeres
Offre mille appas.

La tendre nature,
Forme ici les mœurs ;
Jamais l'impofture,
N'entra dans les cœurs.
Tout le long de ces rivieres,
Promenés vos pas ?
Chacune de vos Bergeres
Offre mille appas.

DIVERTISSEMENT GÉNÉRAL
fur l'Air précédent.

UNE MARINIERE,

Air *noté à la fin.* N°. 6.

Ou , Vous qui parcourés le monde.

Sur cette onde favorable ,
Charme de nos plus beaux jours ,
Avec nous , Bergere aimable ,
Venés chercher les Amours ?
Sur vos pas il en va naître ,
Autant qu'il naîtra de fleurs ;

F ij

Hâtés-vous de donner l'être
A ces petits Dieux vainqueurs ?

UN MARINIER.

Tout le long de ces rivages,
Jamais les vents inconſtans
N'ont exercé de ravages,
Il y régne un doux Printems ;
Les Zéphirs toujours en pouppes,
Et raſſemblés ſur ces eaux,
Vont entrer dans nos Chalouppes
Pour enfler nos chalumeaux.

UNE MARINIERE.

Ah ! qu'il eſt beau le voyage
Que l'on fait avec l'Amour,
Ce n'eſt jamais qu'un paſſage
Qui ſemble toujours trop court ;
L'heureux Berger qui ſoupire,
Loin de regarder le bord,
Craint d'approcher & deſire
De voir éloigner le Port.

(Contredanſe.)

(L'on embarque SILVIE au ſon des Fanfares.

FIN DU SECOND ACTE.

LE PRIX DE LA BEAUTÉ,

OU

LES COURONNES;

PASTORALE.

ACTEURS.

DAPHNIS, *Amant de SILVIE.*

SILVANDRE, *Amant de SILVIE.*

SILVIE, *jeune & belle BERGERE.*

LYCAS, *Chef des BERGERS.*

VIEUX BERGERS & BERGERES,

L'AMOUR,

NYMPHES, CHASSEURS.

La Scene se passe dans le Temple de l'Amour,
en avant d'une Forêt.

C'est à cet Autel qu'on s'engage.
C'est icy que l'on choisit son Vainqueur.

ACTE TROISIÉME.

Le Théâtre repréfente le Temple de l'Amour, en avant d'une Forêt fombre. On y voit un Autel fur lequel s'éleve une flâme étincelante. SILVIE devant l'Autel un Flambeau à la main, entourée de vieux PASTEURS & de jeunes BERGERES.

SCENE PREMIERE.

SILVIE, BERGERS, BERGERES.

SILVIE.

Air. Quand vous entendrés le doux Zéphir.

Dieu des Amans,
Entends
Mes accens ?
Charmant Amour ? qu'en ce temple on adore,

Dieu des Amans ,
Reçois mon encens ?
Viens ! deſcends !
Je t'implore.
De ces inſtants ,
Que j'ai craint long-temps....
Le terme & l'horreur
Vient glacer mon cœur ;
A peine il reſpire....
Sans ceſſe il ſoupire ,
Il craint ſon malheur ;

Dieu des Amans
Entends
Mes accens ?
A mes tourmens ,
Seras-tu ſourd encore ?
Sans ton ſecours ,
De mes triſtes jours ,
Vois terminer l'Aurore ?

(*Elle ſe retourne vers les* BERGERS.)

S I L V I E.

Air. *La mort de mon cher Pere.*

Vous qui cauſés mes larmes ,
Inſenſibles Paſteurs ?
Sans pitié , ſans allarmes ,
Verrés-vous mes douleurs ?

D'un

PASTORALE.

D'un Berger qui m'adore,
Vous tramés le malheur ;
Mais mon secret encore
Est au fond de mon cœur.

UNE BERGERE *à* S*ilvie*.

Air. *Assis sur l'herbette.*

Chassés la tristesse ?
Qu'ici la gaieté
    Renaisse
    Sans cesse
De la volupté !
L'Amour vous engage ;
Laissés-vous charmer ?
Bergere à votre âge
Il ne faut qu'aimer.

(*L'on danse.*)

DIVERTISSEMENT.

UN BERGER *à* S*ilvie*.

Air *noté à la fin.* N°. 1.

Ou, G*oûtons bien les plaisirs*, *Bergere.*

Aimés, aimés, jeune Bergere,
Un cœur, sans amoureux soucis,
   N'est qu'une ombre légere
   Que bercent les ennuis,
   Jamais rien ne l'éclaire,
   Il ne voit que des nuits.

G

UN BERGER.

Les plaifirs que l'Amour fait naître,
Sont immortels comme nos cœurs,
    Sans ceffe on les voit croître,
    De même que les Fleurs.
    Ils ne fe font connoître
    Qu'aux finceres ardeurs.

UN IIIᵉ BERGER.

Aimer eft le feul bien, Silvie,
Tout vous dit qu'il faut s'engager;
    Le fonge de la vie
    Eft trop court, trop léger,
    Pour n'avoir pas l'envie
    De fe dédommager.

(L'on danfe.)

UN VIEUX BERGER *conduifant* SILVIE *à l'Autel.*

Air. *Dans nos Bois s'il coule des larmes.*

C'eft à cet Autel qu'on s'engage,
C'eft ici que l'on choifit fon vainqueur,
    L'on n'y voit point d'Amant volage
Parjurer l'offre qu'il fait de fon cœur.
    La Bergere a pour appanage,
        La fimplicité,
    La candeur & la vérité;

Le Berger qui lui rend hommage,
  Adore les nœuds,
  Qui vont le rendre heureux.

(*L'on entend une Symphonie qui annonce l'arrivée de* Daphnis
  & de Silvandre, *amenés par les* Bergers.)

S C E N E   I I.

SILVIE, DAPHNIS, SILVANDRE,
  tous les BERGERS *raſſemblés.*

S I L V I E *voyant arriver ſes deux Amans.*

Air. *Au bord d'un clair Ruiſſeau.*

D Ure néceſſité !
Cruelle obéiſſance ,
N'eſt-il plus d'eſpérance ?
Pour mon cœur agité !
Ah ! quelle cruauté !
Tout ici m'abandonne ;
Et pour une Couronne
Je perds ma liberté.

(*L'on amene* Daphnis *&* Silvandre , *on les place tous deux aux*
  côtés de l'Autel. Silvandre *eſt paré de Fleurs & de la Couronne*
  que Silvie *lui a donnée à la fin du ſecond Acte , en recevant ſes*
  préſens ; laquelle lui avoit été donnée par Daphnis , *tandis*

qu'elle dormoit ; Daphnis est simplement vêtu sans Fleurs ni Couronne.

LE CHEF DES BERGERS *s'approchant de Silvie.*

Air. *Nous jouissons dans nos Hameaux.*

Le Dieu qui donne les beaux jours,
　　Que vous goûtés, Bergere,
Ne permet plus à vos amours
　　De garder le myftere.
Décidés-vous ? faites un choix ?
　　Tant de délicateffe,
Contraire en ce jour à nos Loix,
　　Devient une foibleffe.

Air *noté à la fin.* N°. 2.

Il faut qu'un de ces deux Amans,
Partage avec vous la Couronne ;
Songés à remplir vos fermens ?
Songés que l'Amour vous l'ordonne ?
Celui qui fera votre époux,
Doit régner ici parmi nous.

SILVIE *s'avance vers l'Autel, regarde fes deux Amans avec tendreffe, elle héfite à leur parler.*

Air. *Ah ! vous ne m'aimés pas.*

Objets dignes fans ceffe

De ma tendre amitié ?

(*Elle ne peut foutenir leurs regards & fe retourne vers les* BERGERS.)

PASTORALE. 53

Ah ! je vois leur tendresse
Implorer ma pitié ;
Faut-il que je subisse
Vos rigoureuses loix ?
Bergers , sans injustice ,
Puis-je faire mon choix ?

LE CHEF DES BERGERS.

Air *noté à la fin.* N°. 3.

Ou , *J'ai vu de notre Roi.*

Vous offensés l'Amour.
Sous son charmant Empire
Quand on perd un beau jour ,
En vain l'on en desire.

SILVIE *retournant aux Autels.*

Air. *Petits Moutons gardés la plaine.*

(*à part.*)

Vous le voulés… que vais-je faire ?
Ingrats ? vous serés satisfaits ,
Mais craignés que votre Bergere
Ne quitte ces lieux pour jamais.

(*Elle s'apperçoit que* DAPHNIS *n'a ni Fleurs ni Couronne.*)

Air. *Je ne sçais ce qu'il me veut dire.*

Quoi ! Daphnis n'a point de Couronne ,
Sans Fleurs il paroît à mes yeux.

(Elle le regarde tendrement.)

Ah ! crois-tu que je t'abandonne ?...
Ton cœur doit me connoître mieux.

(Elle lui donne la Couronne qu'elle a fur la tête.)

(à part.)

Tiens?... Je ne fçais que lui dire ;
Mais je fens que mon cœur foupire.

SILVANDRE *voyant qu'elle donne fa Couronne à* DAPHNIS.

Air. *Dans un lieu folitaire* & *fombre.*

Ai-je donc perdu ma Bergere ?
O Ciel! que vais-je devenir !

(A SILVIE, *en lui préfentant fa Couronne.)*

Si ce préfent ne peut vous plaire,
Ç'en eft fait, il me faut mourir.

SILVIE *prenant la Couronne de* SILVANDRE.

Air. *Raifonnés ma Mufette.*

Oui ce préfent me flatte,
Je ne fuis point ingrate ;
Mon cœur, charmant Berger ;
Ne peut jamais changer.

(Elle met la Couronne de SILVANDRE *fur fa tête.)*

(Elle retourne vers les BERGERS. *)*

SILVIE.

Air. *Que j'entre je vous prie.*

En vain à l'obéiſſance
Je veux ranger mon ardeur ;
Mais la moitié de mon cœur,
Avec l'autre eſt en balance.
(*à part.*)
Quel charme ſuſpend ta voix ?
　　Malheureuſe Silvie ?
Aux Bergers.
Faites vous-même mon choix,
　　Bergers, je vous en prie.
　　(*Elle s'attendrit & verſe des larmes.*)

TRIO.

DAPHNIS, SILVIE, SILVANDRE.

DAPHNIS.

Air. *Non, non, Colette n'eſt point trompeuſe.*

Ceſſés, ceſſés de verſer des larmes,
　　Quelque ſoit votre vainqueur....

SILVANDRE.

Ceſſés, ceſſés de verſer des larmes,
　　Elles pénétrent mon cœur.

DAPHNIS, SILVANDRE.

Doit-on, avec tant de charmes,
Succomber à la douleur ?

SILVIE.

De l'un de vous fans allarmes
Puis-je caufer le malheur ?

LES DEUX BERGERS.

Ceffés, ceffés de verfer des larmes,
Elles pénétrent mon cœur.
Elles pénétrent mon cœur.

LE CHEF DES BERGERS.

Air *noté à la fin.* N°. 4.

Non, non, c'eft trop vous en défendre ;
Il faut céder, il faut vous rendre
Il faut déclarer votre ardeur.

SILVIE.

Mais dans mon embarras extrême....

LE CHEF DES BERGERS.

Comment lire dans votre cœur ?
Si vous n'y lifés pas vous - même.

SILVIE

SILVIE outrée retourne aux Autels, se désespére, regarde
encore ses deux Amans, & revient aux BERGERS
avec dépit.

Air noté à la fin. N°. 5.

Barbares ? ç'en est fait ; je vais quitter ces lieux.
  (*Elle veut fuir ; mais les BERGERS s'opposent à son passage.*)

LE CHEF DES BERGERS.

Arrêtés, rien ne peut vous souftraire à nos yeux.

S I L V I E.

A me perfécuter chacun de vous fe plaît.

LE CHEF DES BERGERS.

Obéiffés aux Dieux....

SILVIE avec dépit & regardant l'Autel.

Eh bien ! mon choix eft fait.
(*Les BERGERS courent à l'Autel, se regardent avec étonnement,*
  & ne reconnoiffant point le choix de la BERGERE, la forcent de
  nouveau à s'expliquer plus clairement.)

LE CHEF DES BERGERS.

Air Italien, noté à la fin. N°. 6.

Expliqués-vous ?
Parmi nous,
Nommés fans courroux
Votre Epoux ?

Craignés peu les jaloux ?

SILVIE *levant les yeux au Ciel.*

Dieux protecteurs !
Dieux vengeurs !

SILVANDRE & DAPHNIS *accourant à elle.*

Calmés vos douleurs ?

SILVIE *tombant dans leurs bras.*

Je me meurs....
Je me meurs....
Je me meurs....

SILVANDRE *quittant tout à coup l'habit de* BERGER,
paroît sous la forme de la Divinité.

Non, non, non, féchés vos pleurs.

Air. *Pour foumettre mon ame.*

C'eft trop long-temps, Bergere,
Cacher l'Amour à vos yeux.
Sous ma forme ordinaire,
Reconnoiffés-moi tous deux ?
Votre flâme généreufe
Craint de faire mon tourment.
Vous mérités d'être heureufe,
C'eft le prix du fentiment.

PASTORALE. 59

DAPHNIS & SILVIE *étonnés & hésitans à parler.*

D U O.

S I L V I E.

Air. *Votre cœur, aimable Aurore.*

Quel moment !

D A P H N I S.

Quelle victoire !

E N S E M B L E.

Doux transport charme nos cœurs ?

D A P H N I S.

Mon ame a peine à le croire ?

S I L V I E *à l'Amour.*

Dieu charmant ! que de faveurs ?

E N S E M B L E.

Pour nos plaisirs, pour ta gloire,
Eternise nos ardeurs.

L'A M O U R *aux Bergers.*

Air *noté à la fin.* N°. 7.

Ou , *Goûtons bien les plaisirs.*

Jeunes Amans, c'est la constance
Qui fait couronner les desirs ;

H ij

L'Amour ne récompenfe
Que les tendres foupirs,
Jamais l'indifférence
Ne connut les plaifirs.

Avec l'heureux talent de plaire,
Tôt ou tard on gagne les cœurs.
L'Amant foumis, fincere,
En butte à mes rigueurs,
Alors qu'il défefpére,
Jouit de mes faveurs.

Air. *Quitte ta Mufette, Berger amoureux.*

Je quitte ces plaines,
Et laiffe en ces lieux,
Pour ferrer le nœud de vos chaînes,
Les ris & les jeux.
Il faut qu'à la chaffe,
Ce beau jour fe paffe?
Allés avec eux?
Je quitte ces plaines,
Et laiffe en ces lieux,
Pour ferrer le nœud de vos chaînes,
Les ris & les jeux.

(*L'Amour s'envole.*)

***

SCENE III.

DAPHNIS, SILVIE.

DUO.

Air Italien, *noté à la fin.* N°. 8.

QU'il est doux de donner }
          de devoir } le diadême.

  A l'objet qu'on aime,

  Quand l'Amour lui-même

  Fait notre bonheur.

  Un brillant honneur,

  Un titre flatteur,

  Touchoit peu mon cœur;

  Si l'aimable Couronne,

  Que l'Amour forme & donne,

  Ne payoit mes soupirs,

  Ne combloit mes desirs

    De mille plaisirs.

              (*Fanfares de Chasse.*)

DIVERTISSEMENT.

(*L'on voit arriver des* BERGERS *en* CHASSEURS *, & des*
   NYMPHES *préparées pour aller à la Chasse.*)

SCENE IV.

DAPHNIS, SILVIE, BERGERS en CHASSEURS & NYMPHES.

UN CHASSEUR.

Air. *De la Tempé.*

APprêtons nos traits?
L'Amour nous appelle à la chasse,
Apprêtons nos traits?
Ce Dieu vole dans nos forêts.

Les bois, où l'Amour se cache,
Sont remplis de mille attraits,
En le suivant à la trace,
L'on ne s'égare jamais.

Apprêtons nos traits?
L'Amour nous appelle à la chasse,
Apprêtons nos traits?
Ce Dieu vole dans nos forêts.

UNE NYMPHE.

L'ombre & la fraîcheur,
Le silence, ami du mystere,
L'ombre & la fraîcheur,
Tout y séduit un jeune cœur.

Sur la naiſſante fougere,
Toujours ſûr d'être vainqueur;
Tendre, jamais téméraire,
Le Berger peint ſon ardeur.

L'ombre & la fraîcheur;
Le ſilence, ami du myſtere,
L'ombre & la fraîcheur,
Tout y ſéduit un jeune cœur.

UNE NYMPHE.

Le chant des oiſeaux....
Des Roſſignols le doux ramage,
Le chant des oiſeaux,
Invite à des plaiſirs nouveaux.

Sous un ſombre & verd feuillage,
Les jours paroiſſent plus beaux;
Les feux de notre jeune âge,
S'allument à leurs flambeaux.

Le chant des oiſeaux....
Des Roſſignols le doux ramage,
Le chant des oiſeaux
Invite à des plaiſirs nouveaux.

F I N.

APPROBATION.

J'A i lu, par ordre de Monseigneur le Chancelier, un Manuscrit intitulé : *le Prix de la Beauté*, ou *les Couronnes*, composé d'un Prologue & de trois Actes, avec *des Chansons traduites de l'Italien*, pour être ajoutées à la suite de l'Ouvrage. Je n'ai rien trouvé dans la Pastorale, ni dans les Chansons traduites, qui ait paru devoir en empêcher l'impression. A Paris, le 15 Janvier 1760.

B. DELAGARDE.

FAUTES A CORRIGER.

PAGE 4, *Air*, J'ai vu de notre Roi, *voyez* à la fin, N°. 2.

Page 7, *Air*, N°. 5, de M. Naudé, *voyez* à la fin, N°. 6.

Page 12 , & ma foible exiftence développant fes feux, *lifez*, de ma foible exiftence développant les feux.

Page 12, *id.* 3e. Couplet, jeune enfant, *lifez*, je foupire.

Page 14, autant d'amour, *lifez*, autant d'amours.

Page 14, *id.* qui ne l'a vu, *lifez*, qui ne la voit.

Page 20, régnez fur nous, *chantez* fur l'Air, Faites dodo.

Page 37, j'irai graver fon nom, *lifez*, graver ton nom.

Page 49, la gaieté, *lifez*, la gayté.

Page 54, fi ce préfent ne peut vous plaire, *lifez*, fi la mienne ne peut vous plaire.

Page 57, & ne reconnoiffant point, *lifez*, & ne connoiffant point.

LE
PRIX
DE LA BEAUTÉ
OU
LES COURONNES
PASTORALE
en trois Actes,
& un Prologue.
écrit par Meunier
Martinet in.
Thérèse Martinet sculp.

N.º I.
Débité.
Quels Concerts.? Quels Sons
harmonieux? I ci Se font en tendre,
L'Amour vient vi _ si _ ter ces beaux
lieux, c'est lui qui va descen =
= dre, C'est lui qui va descen - dre
N.º II
Gracieux
Aimez il en est tems, Ai =
= més cherchez a plaire? Des beaux jours
Des beaux ans, la Course est Si légé - re

nᵒ.III
Il est sans doute un bien char =
= mant, dont on ne jouit qu'en aimant :
Il fait le bonheur d'un amant, Lors
qu'il a sçu Connoitre que c'est tou =
= jours du Sentiment, que le plai =
= sir veut Naî _ tre.
fanfare
nᵒ.IV
Pour vous faire un bonheur du =
= rable, Commencez par faire le choix

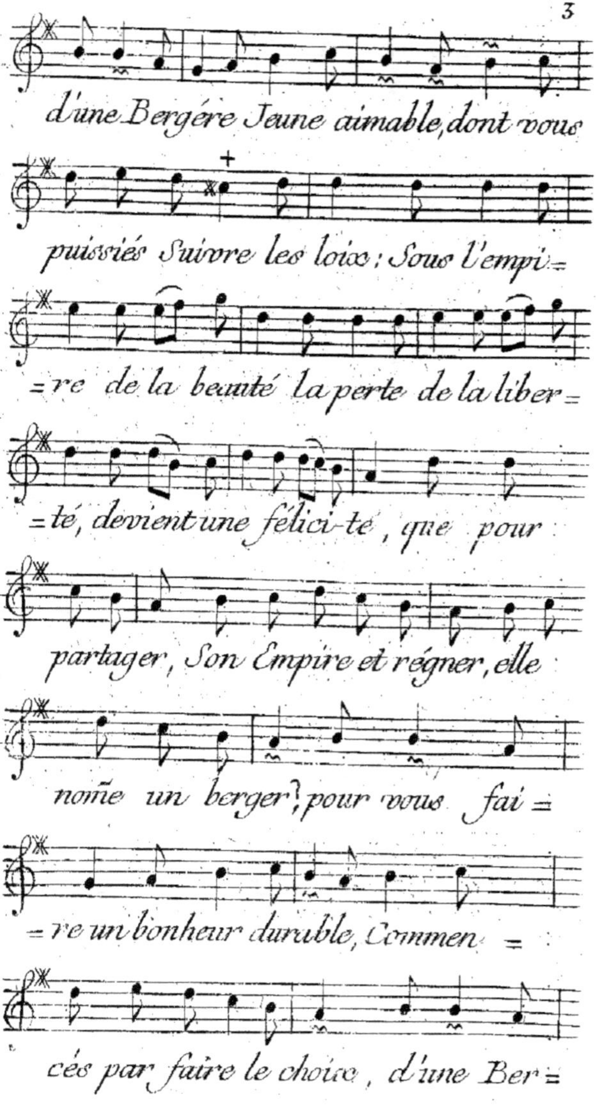

d'une Bergére Jeune aimable, dont vous
puissiés Suivre les loix; Sous l'empi=
=re de la beauté la perte de la liber=
=té, devient une félici-té, que pour
partager, Son Empire et régner, elle
nõme un berger? pour vous fai=
=re un bonheur durable, Commen =
cés par faire le choix, d'une Ber=

4

= gére Jeune aimable, dont vous puissiés
Suivre les Loix.
N.o V.
fanfare
Plaisirs qui volés Sur mes traces En
Sur les pas des ris et des graces for=
chantés ces peuples heureux : Offrés leurs
= mes I = ci d'aimables jeux :
une image, de ce parfait bonheur, que
l'on cherche dans le bel _ âge, et
que l'on trouve au fond du Cœur.

Air De M.r Naudé.
n.º VI
Jeune et Simple Bergere, que
Je viens d'embellir des Roses dont
ma mere, Couronne le plaisir?
En cüeillant la fleurette qui naî-tra
Sous vos pas, S;cachez être dis =
= crette, et ne la fanez pas?

2.ᵉ

D'un amant qui Soupire
Craignez peu les efforts?
Observéz son Délire!
Retenéz les transports?
Tel qui peint Son martyre
Souvent n'est qu'un trompeur
Dans Ses yeux Sachez lire
Ce qu'il a dans le cœur!

3.ᵉ

Des charmes du bel âge
Au printems de vos jours,
Faittes un bon usage?
Et Songés qu'ils Sont courts?

Que le temps a des ailes,
Qu'il fait Rapidément
Passer la fleur des belles
Et les feux d'un amant

4.^e

Que la délicatesse
Decide votre choix?
Aimez avec tendrese?
Mais N'aimez qu'une fois?
Il faut, quand je l'allûme
Ce feu...cevrai desir,
Il faut qu'il vous consûme
Dans les bras du plaisir .

Premier Acte.
De la Pastorale

2.^e

Dejá l'amour m'inspire,

Il est sur mon berceau.

Il m'apprend à soûrire ;

Il n'a point de bandeau

Je le flatte.. il m'amuse

mon cœur veut s'exprimer,

Mais ma bouche refuse

Les sons qu'il veut former.

3.^e

Un jour que ma Silvie

Dans mes yeux innocens

Lit.. Voit la douce envie

qui caresse mes Sens ;

a ton âge. . . dit elle ?

est ce qu'on sçait aimer ?

Je Soûpire. . . et la belle

Me donne un doûx baiser.

4ᵉ

J'ay passé mon enfance

J'ay vû croitre mes feux.

Dans mon adolescence

Même ardeur, même vœux ?

Ma bergere l'oublie

Peut être ce baiser ;

Il fait pourtant la vie

L'ame de Son Berger

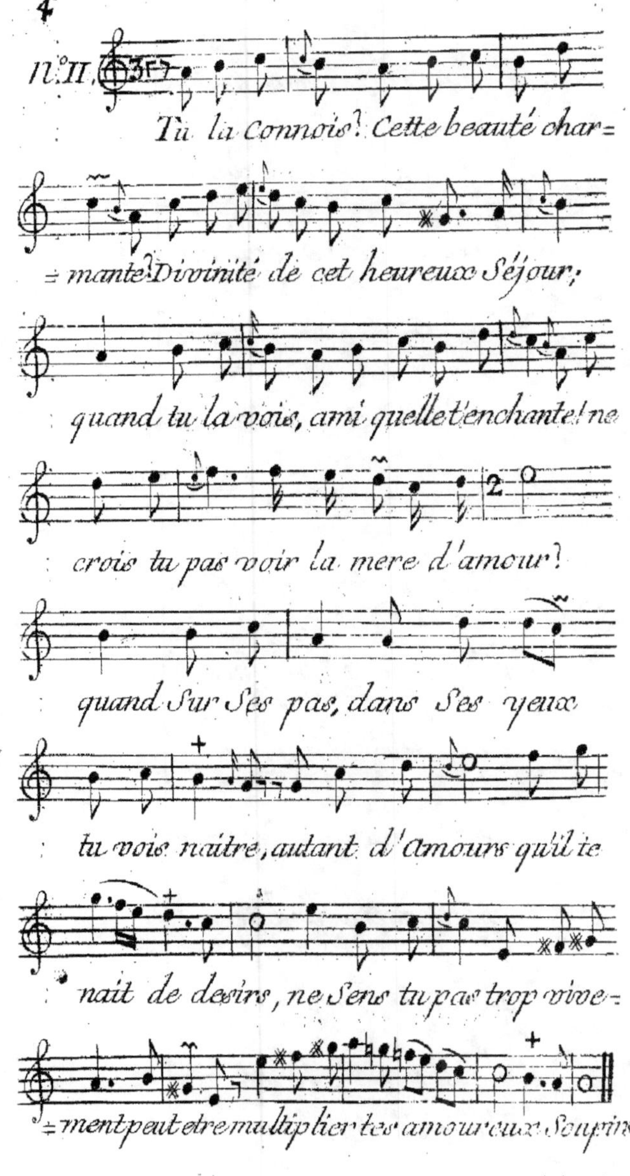
N.º II.
Tu la connois? Cette beauté char=
=mante? Divinité de cet heureux Séjour;
quand tu la vois, ami quelle t'enchante! ne
crois tu pas voir la mere d'amour?
quand Sur Ses pas, dans Ses yeux
tu vois naître, autant d'Amours qu'il te
nait de desirs, ne Sens tu pas trop vive-
=ment peut etre multiplier tes amoureux Soupirs

N.º III
Il est vrai que je l'a dore
mais conçois tu mon malheur?
Un autre Berger en core,
de même a droit Sur Son cœur.
Cette belle, Se rappelle Sans ces=
=se nos tendres feux, et S'il =
=vandre peut prétendre a voir
couronner Ses feux

Air Italien
6
Je vois ton embarras tu ne le
conçois pas, Non non Lycas, non
non Lycas tu ne le conçois pas.
un Seul de nous l'a Sçu charmer,
un Seul a Sçu S'en faire aimer,
toujours discret Sur ce Secret Son cœur se
tait, ce feu misterieux, mon Rival Odieux
S'offre a mes yeux Licas ô Dieux! quittons ces lieux?

n.º V
J'ai passé dans ces hameaux,
de mes Jours la premier aurore,
a faire dire aux Echos le nom de
celle que J'a_dore; J'ai tant
chanté ce beau nom, aux Oi=
=seaux de ce bocca _ ge, qu'ils
se Sont de ma chanson Composé
leur rama . . . ge,

nᵒ VI.
C'est dans cette prai_rie
C'est ici qu'un beau jour aux genoux
de Sil _ vie a me _ né
par l'Amour: Silvandre qu'élle est
bel_le, me dit ce Dieu vainqueur.
aimes la? Sois fi _ dé _ le?
Je ferai ton bon_heur.

n.º VII
Mais puis je concevoir l'es =
= poir? d'Obtenir la préférence,
Est ce la persévérance, qui pourroit
me la faire avöir. un amant
qui chérit Sa chaine pourroit.il
rompre Sans peine des nœuds qui
tiennent les plaisirs, enchainez a :
vec Ses desirs ?

SECOND ACTE
Air Italien.

Air Italien
N.º II
Que ces lieux ont eu
pour moi de charmes ! c'est dans
ce Séjour, que vit un beau jour,
naître mon amour. C'est-i ci
qu'éloigné des allarmes, J'ado,=
=rai Souvent, cet objet charmant,
qui fait mon tourment. Mais que
vois je ô Dieux ! que vois je ma Ber =

= gere ! Ô doux mistere ! Ô moment
trop heureux ! Sur Ses beaux yeux
L'Astre du jour qui nous éclai-re ,
porte Ses regards, et de toutes parts,
La livre aux hazards.Tâchons
d'ecarter un peu Sa lumiere,qu'il me
laisse un instant ce Seul coin de la
terre,un Seul instant,qu'à mes

vœux rien ne Soit Contraire, hélas
bien Souvent, le Sort d'un amant
dépend d'un moment.
N°. III
Tant que la marguerite Croitra
Dans ces Vallons, que Cette fleur
petite Ornera nos gazons.
Tu Seras ma Sil_vie, La Reine
de mon cœur, Le charme de ma vie,

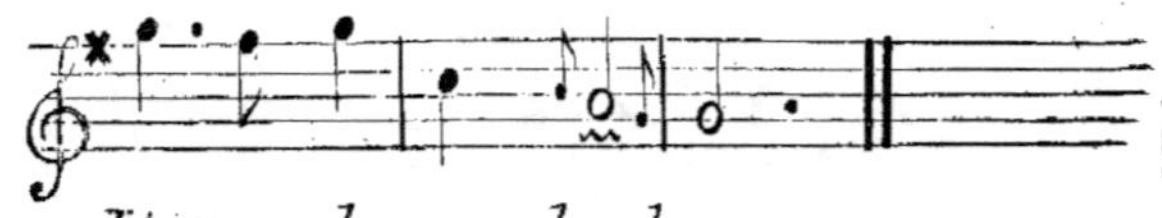

2.ᵉ

Le matin quand L'aurore

Viendra verser Ses pleurs,

Que les amans de flore

Caresseront nos fleurs.

Aux oiseaux des bocages

Pendant ton doux Soṁeil

J'iray Sous ces feuillages

Annoncer ton reveil

6

3.ᵉ

Le jour dans la prairie
J'iray graver ton nom
Sur l'écorce polie
Des hêtres du Canton,
Je le verray paroitre.
A mes yeux chaque jour,
Mais il ne pourra croître
Autant que mon amour

4.ᵉ

Le Soir? Quittant la plaine
Je diray . . . tout Surpris?
Le Soleil me ramene .
N'est il donc plus de nuits?
Mais non! C'est qu'il diffère
De quitter les beaux yeux
De la jeune Bergere
Dont je Suis amoureux.

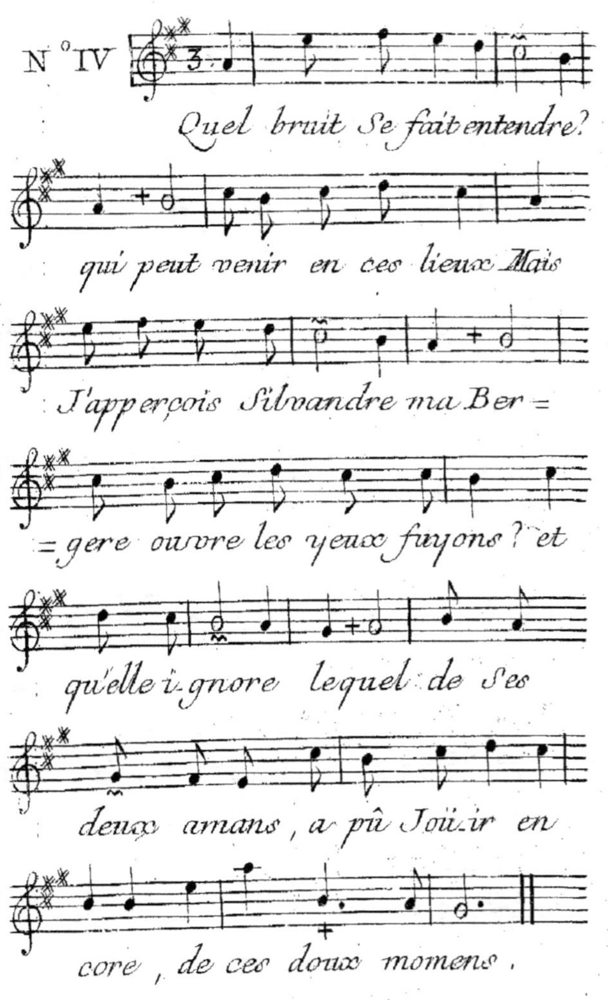

N.º IV
Quel bruit se fait entendre?
qui peut venir en ces lieux Mais
J'apperçois Silvandre ma Ber =
= gere ouvre les yeux fuyons? et
qu'elle ignore lequel de ses
deux amans, a pû Joüir en
core, de ces doux momens.

N.V.
Déja du temple de L'amour ;:
nos Bergers occupent l'enceinte ;
L'on vous attend, et dans ce Jour,
Saisy d'une mortelle atteinte
mon triste cœur vient vous of=
=frir, ces fruits ces dons de flo_re,
que par tout, pour vous embellir, La
ter_re fait é clo _ re.

N.VI.
Sur cette onde favorable,
Charme de nos plus beaux jours,
avec nous Bergere aimable?
venés chercher les Amours?
Sur vos pas, il en va naître,
autant qu'il naîtra de fleurs hâtés
vous de donner l'etre, a ces petits
Dieux vainqueurs!

TROISIEME ACTE

Air de M.ʳ Naudé.

n.º II.
Il faut qu'un de ces deux a -
mans partage avec vous la Cou -
- ronne, Songés à remplir vos Ser -
- mens, Songés que l'Amour vous Lor -
- donne, celui qui Sera votre E -
- poux doit regner ici par-mi nous,
celui qui sera votre E-poux doit re -
- gner ici parmi nous).

n.º III.
Vous offensez l'Amour sous
son charmant Empire, quand on perd un beau
jour, En vain l'on en de-si--re.
n.º IIII.
Non, non, c'est trop vous en def-
-fendre, Il faut ce-der Il faut vous
rendre, Il faut de-cla-rer votre ar-
-deur; Mais mon embaras est ex-
-trê-me. Comment lire dans vo-tre

Cœur? Si vous n'y lisez pas vous même..
n.º V.
Barbares c'en est fait ; Je
vais quitter ces lieux, Ar-rê-tez
rien ne peut vous soustraire à nos
yeux, A me persecuter chacun de
vous se plait, O-be-is-sez aux
Dieux, Eh bien mon choix est fait, Obeissez aux
Dieux, Eh bien mon choix est fait .

AIR ITALIEN.

n.º VI.
Expli-quez vous, parmi
nous, Nom-mez Sans courroux votre E-
-poux, Craignez peu les jaloux Dieux
pro-tecteurs ! Dieux van-geurs, Cal-
-mez vos douleurs; Je me meurs; je me
meurs; je me meurs; Non, non, non, S'é-
-chez vos pleurs.

6

n.º VII.

AIR ITALIEN.

n.º VIII.

ner le Dia-de-me , A l'ob =
=jet qu'on aime, quand l'amour lui même,
fait notre bon-heur , un brillant hon=
=neur, un titre flateur, tou-choit peu mon
Cœur , Si l'ai-ma-ble Cou-ronne,
que l'amour Seul nous donne ne pay=
=oit nos Soupirs, ne Combloit nos desirs
De mille plai-sirs.

CHANSONS

DIVERSES

Traduittes de l'Italien et autres

Traduction de la Chanson

de Petrarque

Di monte in monte di pensier in pensier &c.

Sur l'air cy joint, ou la muzette de M.ʳ Desbrosses.

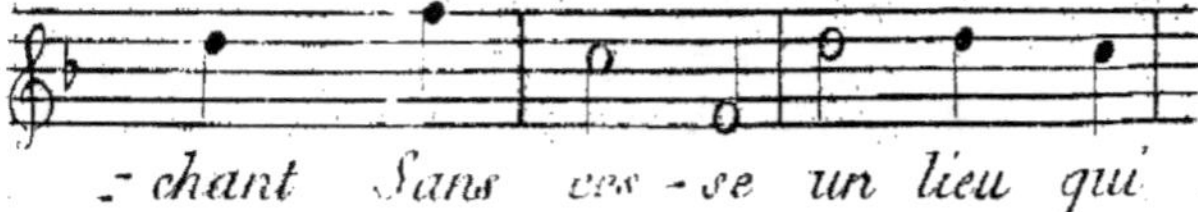

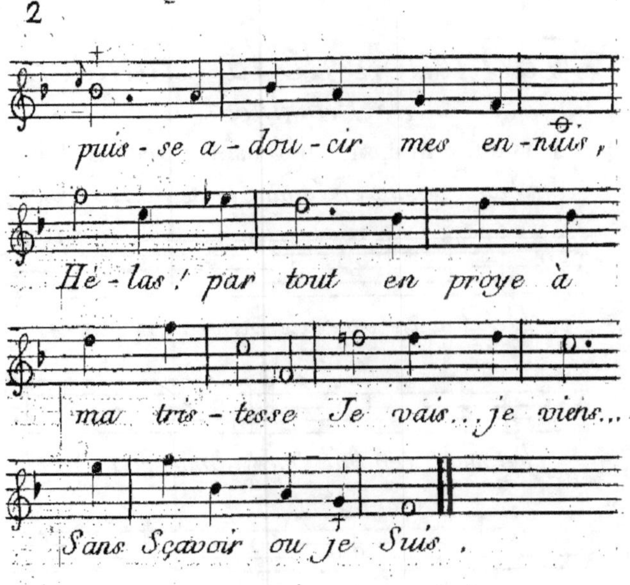

2.ᵉ Couplet.

Les lieux peuplés... les Chateaux, et les Villes...

Rien ne peut plus soulager ma douleur.

Plus de conseils,.. plus de paix.. plus d'asyles,

Du fond des bois je n'aime que l'horreur

La quelquefois, la joie et l'esperance

Viennent flatter mes desirs tour à tour

Et cet espoir que la crainte balance

Amuse au moins un instant mon amour.

3.ᵉ

Si quelque fois sur le haut des montagnes

Je vais pour prendre un instant de repos,

Tout aussi-tôt, mes yeux dans nos campagnes

Cherchent l'objet qui cause tous mes maux,

Et mesûrant alors l'espace immense

Qui me derobe à ses divins appas

Avec mon cœur toujours d'intelligence

Vers ma bergere ils ramenent mes pas.

4.ᵉ

Qui le croiroit ? tantôt dans un nüage

Parmy les ris les plaisirs et les jeux,

Les careßant ; recevant leur hommage

Cette beauté se presente à mes yeux

Tantôt sur l'Onde, ou sur l'herbe naissante

Et quelque fois sur un chêne orgueilleux

Toujours plus belle et toujours triomphante

Le tendre amour me la montre en tous lieux.

4

5.^e

Quand, chaque jour je traverse ces hêtres
Ou j'ai gravé j'ai vû croitre son nom,
En regardant ces monumens champêtres
Mon ame hélas ! se trouble et se confond.
Je sens mes yeux s'arroser de ces larmes
Que la tendresse a puisé dans mon Cœur.
Presque immobile… il est pourtant des charmes
Dont je jouis au sein de ma douleur.

6.^e

A moy rendu, c'est du beau nom de Laure
Que les Echos font retentir les bois
Tous les Oiseaux instruits que je l'adore
Viennent mêler leurs accens à ma voix.
Je fais serment d'etre à jamais fidelle
De l'adorer jusqu'au dernier soupir
Je fais des vers et des chansons pour elle
Et mes tourmens se changent en plaisir.

FIN

Traduction de la Chanson
non Dolerti Ninetta

Air grazzie al ingannii tuoi

Voyéz L'air N.º VII.

De L'acte I.er

Sur cet ormeau toujours chantant

Quel est cet oiseau? Ninette,

Qui Sans cesse me repete

Ses feux, Ses plaisirs, mon tourment,

Sur detre aimé de Safauvette

Hélas, Rien ne L'inquiette,

Brulant de la plus vive ardeur

Moy Seul J'expire de douleur.

—

tournée

6

2^e

De branche en branche voltigeant
Cet oiseau tendre et fidelle,
Par son chant, par un coup d'aile
Scait exprimer tout ce qu'il sent.
Dans son ramage, il dit je t'aime,
Son amante repond de même,
Moy j'appelle envain. Je gémis,
Ma Ninette est sourde a mes cris.

3

Ce couple heureux, par ses accens
Eveille la jeune Aurore,
Ramene au genouils de Flore
Le plus volage des amans.
Des vrais plaisirs, dans son langage
Il nous enseigne a faire usage,
Ninette seule dans nos champs
Ne veut rien entendre a ses chants.

4

Souvent lorsque l'Astre du jour
Se plaît a bruler nos plaines,
Il est au milieu des chênes
Des Trones batis par l'Amour.
La nos Amans heureux sans cesse
Ne connoissent que la tendresse,
Moy. quand je fais parler sa voix
Ninette s'éloigne des bois.

5

Tristes Amans! voilà le sort,
De qui loin de la nature,
N'écoute que l'imposture.
De l'art Suit le trompeur éffort!
En Amour, faut il toujours craindre?
Toujours desirer?... se contraindre!
Vous seuls petits oiseaux charmans,
Vos plaisirs sont purs et constants.

Autre

Air. Je tois Seule en un bocage
mes moutons paissoient au loin

Peux-tu doûter de ma peine ?

Toy ? qui connois ma douleur ?

Quand tu vis former ma chaine,

Prevoyois tu mon malheur ?

Soupçonnois tu L'inconstance,

L'offence,

Demon Berger ?

Soupçonnois tu qu'il pût être,

Le traitre,

Aussy Léger ?

Tu sçais que longtems rebelle?
J'opposois a ses sermens:
Ces craintes que l'infidelle
Combattoit a tous momens.
Mais tandis que le parjure,
Me jure,
D'être constant;
A Themire le volage,
S'engage,
En dit autant.

Te souvient-il de la fête,
Qu'on donnoit dans le Hameau?
Que ce jour par sa conquête,
Que ce jour me parut beau:
Plus je voulois me deffendre,
Et rendre,
Vains ses efforts;
Plus mon cœur se laissoit prendre,
Surprendre,
Par ses transports.

4

Le cruel vit dans mon ame,
L'excés de tous mes plaisirs.
Il me regarde.... Il m'enflame,
Il excite mes desirs;
Il s'apperçoit de mon trouble,
Redouble,
Je veux --- hélas:
Ma raison tourne en folie,
S'oublie,
Entre ses bras.

5

Qu'il m'en à couté de larmes,
Depuis ces tristes momens,
Que de soupirs, que de larmes,
Que d'Amour, que de tourmens,
Aujourdhuy l'ingrat m'évite,
Me quitte,
Craint mon courroux:
Helas, encor du volage,
L'image,
Me suit partout

6

Tendre Amour qui dans mon ame,
Allumas ces tristes feux,
Ai-je profané la flame,
Dont tu nous brûlas tous deux?
En conservant ma tendresse,
Sans cesse,
Pour mon amant:
Devois je être la victime,
Du crime,
D'un inconstant,

Autre

Air/. Nous jouissons dans nos Hameaux
Zephir aujourdhuy sur les fleurs
N'agite plus ses ailes,
L'Astre du jour a ses ardeurs
Immola les plus belles,
Mais si Zephir n'en trouve pas
Pour le beau sein de Flore,
Moy, j'en vois naître sur tes pas,
Pour t'embellir encore,

Dans les yeux de ma Bergere
il est un petit Amour, qui fo=
latre et déses_ _pere tous ceux
qui lui font la Cour; il en=
chante, emeüt, caras_se, mais gar=
dez vous de ses traits, car en
même tems il blesse, et l'on
n'en guerit jamais.